스토리텔링 연습

99 Ways to Tell a Story: Exercises in Style
Copyright © 2005 by Matt Madden
All rights reserved
This Korean edition is published through the direct contract with the author.

이 책의 한국어판 저작권은 저자와의 독점 계약으로 클라우드나인 출판사에 있습니다.
저작권법에 의해 한국 내에서 보호를 받는 저작물이므로 무단 전재와 무단 복제를 금합니다.

스토리텔링 연습

매트 매든 지음 | 장치혁 옮김

하나의 사건을
다르게 이야기하는
99가지 방법

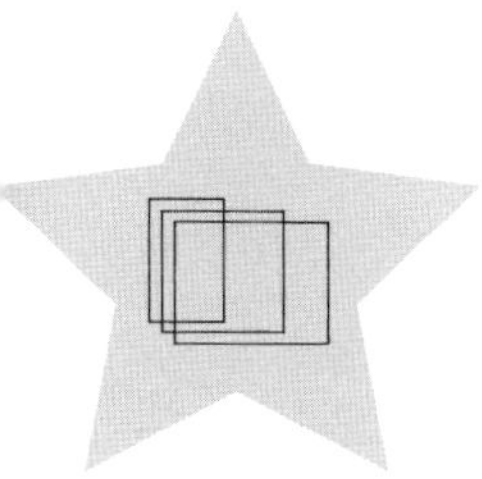

시작하기 전에

이 책에 수록된 모든 만화는 똑같은 하나의 사건을 저마다 다른 방법으로 이야기한다. 관점, 그림 스타일, 오마주, 패러디는 물론 이야기에 대한 해석까지 매번 달라진다. 예를 들어보자. 지도로 이야기를 할 수 있을까? 광고로 가득한 페이지로는? 정해진 답이 있다는 말이 아니다. 이야기를 하는 방법이 여러 가지이고 그림과 문자가 상호작용하고 만화가 서로 다른 시각적이고 서사적인 수단과 연결되어 있다는 점이 흥미진진하다는 것을 알려주고 싶다.

이 책은 레몽 크노Raymond Queneau의 『문체 연습Exercises in Style』에서 영감을 받았다. 그 책에서 레몽 크노는 주인공이 하루 동안 겪는 동일한 일화를 99가지 문체로 썼다. 처음에는 가능한 모든 시제를 사용해서 말하고 그다음에는 자유시, 소네트, 전보, 피그 라틴, 일련의 느낌표, 무관심한 어조 등 너무도 다양한 방법을 활용한다.

나는 레몽 크노의 『문체 연습』을 처음 읽었을 때 시각적 서사에 같은 방법을 적용해보면 재미있겠다 싶었지만 말도 안 되는 생각이라고 스스로 일축했다. 하지만 몇 년이 흐른 후에도 머릿속에서 그 아이디어가 사라지지 않고 나를 그림 책상으로 이끌었다. 그래서 6년 전 마침내 항복하고 펜을 들고야 말았다. 초기에 작업한 그림을 보여주자 동료와 친구와 가족들에게서 즉각적으로 열광적인 반응이 쏟아졌다. 반드시 끝을 봐야만 했다.

페이지가 정해져 있지만 순서에 상관없이 아무렇게나 읽어도 된다. 한 번에 모든 만화를 전부 다 읽을 필요도 없다. 일단 읽어보면 시집이나 그림집처럼 다음에 또 펼쳐서 획획 넘겨보며 가장 마음에 드는 만화를 찾거나 친구에 보여주고 싶은 마음이 들 것이다.

아무리 단순하고 평범해도 이야기가 그것이 말해지는 방식과 분리될 수 있을까? 스타일이나 물리적인 특징을 벗겨내고 핵심적인 부분만 남길 수 있을까? 그렇다면 그것은 어떤 모습일까? 이 책은 내가 '템플릿'이라고 이름붙인 만화로 시작한다. 형식적인 요소가 명시적으로 조작되지 않은 버전이라 그렇게 이름 붙였다. 하지만 언뜻 봐도 여러 가지 질문이 떠오른다. 왜 붓이 아닌 펜으로 그렸을까? 왜 여덟 칸으로 했고 그런 선택을 한 이유는 무엇일까? 스타일이 '만화'도 아니고 '사실적'이지도 않은 이유는 무엇인가? 단순히 '양식화된' 선택처럼 보이는 것이 사실은 이야기의 필수적인 부분이라는 것이 분명해진다. 만화를 읽으면서 말하는 방식이 내용에 끼치는 영향에 질문을 던지고 무엇보다 다른 매체에서 예술가에게 가능한 여러 접근법을 즐길 수 있다.

형식과 내용, 스타일과 실체 사이의 끝없는 전쟁을 되풀이하지 말자. 나는 이 책이 이러한 피곤한 이분법에 의문을 던지고 형식이 곧 내용이 되고 내용이 곧 스타일과 떼어놓을 수 없는 관계에 있다는 새로운 방향을 제시해주기를 바란다.

 목차

시작하기 전에　4

템플릿　10
독백　12
주관적 시점　14
광고 열전　16
회상　18
전쟁 연습　20
정치 만화　22
2층 시점　24
냉장고의 시점으로 보기　26
관음증 시점　28
음향효과　30

에머나타　32
목록　34
설명하기　36
'스토리텔링 연습'에 오신 걸 환영합니다　38
거꾸로　40
여러 가지 시제　42
데자뷰　44
믿을 수 없는 화자　46
일간지 만화　48
사진만화　50
지하세계만화　52

일본 만화 54
판타지 56
우주의 플랜 99 58
정오 60
수사 절차 62
유머 만화 64
퍼리 66
한 칸 만화 68
30칸 만화 70
플러스 원 72
기타 등등 74
정반대 76
재구성 78

네모 상자 밖에 그리기 80
앞으로 읽으나 거꾸로 읽으나 82
애너그램 1: 칸 순서 바꾸기 84
애너그램 2: 모두 바꾸기 86
로돌프 퇴퍼 따라하기 88
피해망상적인 종교 팸플릿 90
레어빗 핀드 연습 92
완결성 연습 94
새로 발견된 바이외 태피스트리 96
호건 골목길에 얼음 트럭이 올 때 벌어지는 일 98
그녀에게 사이즈와 스타일을 물어보세요 100
영화 「엑소시스트」 스타일 102
동적인 제약-매트를 남자답게 만들기 104
사랑 연습 106
린뉴 클레흐 108
잭 커비를 위하여 110

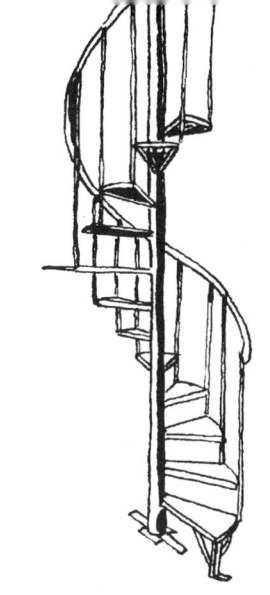

슈퍼히어로　112
지도　114
무지개 색깔　116
스토리텔링 연습 시 행동 요령　118
공익 광고　120
센토　122
투인원　124
디지털　126
그래프　128
스토리보드　130
캘리그램　132
그림 없음　134

의인화　136
다음날　138
이야기 속의 이야기　140
술집에서 엿듣다　142
행복한 커플　144
행복하지 않은 커플　146
삶이란　148
세계 곳곳　150
평론가　152
진화　154
천지창조　156
냉장고까지 가는 데 평생 걸리다　158
배우의 작업실 1　160

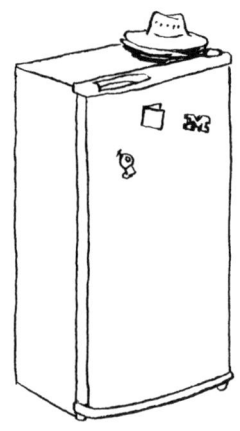

배우의 작업실 2   162
가로 만화   164
세로 만화   166
익스트림 클로즈업   168
롱샷   170
익스트림 줌   172
기이한 것들   174
정투영법 드로잉   176
우리 집   178
하나의 지평선   180
글씨가 너무 많아   182
선이 없는 만화   184

실루엣   186
미니멀리스트   188
맥시멀리스트   190
공간의 고정점   192
시간의 고정점   194
이 만화 왜이래?   196
달라진 텍스트   198
달라진 그림   200
냉장고가 없는 만화   202
제시카가 없는 만화   204
매트가 없는 만화   206

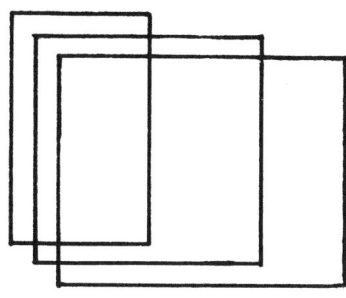

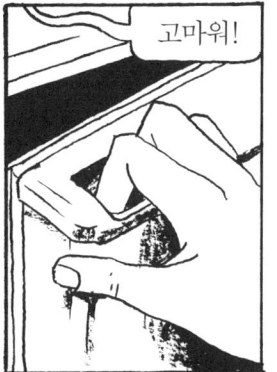

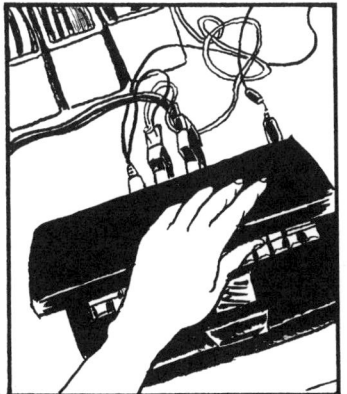

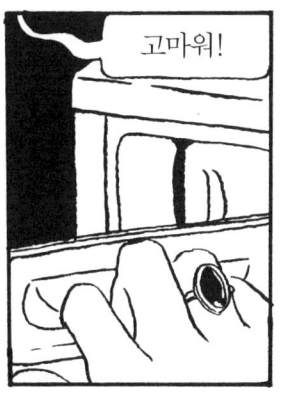

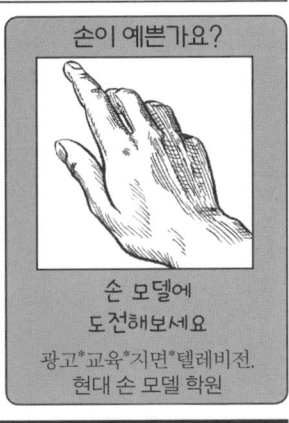

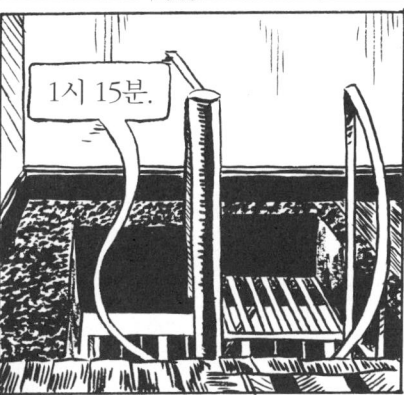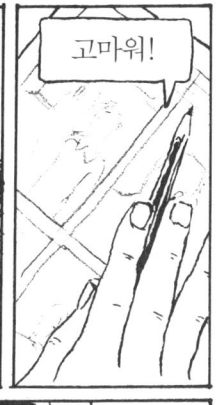

냉장고의 시점에서
보기

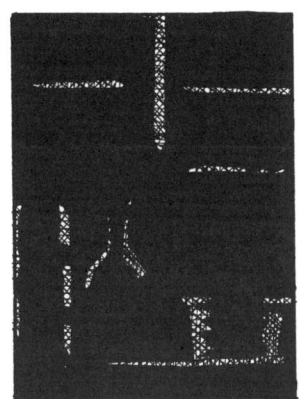
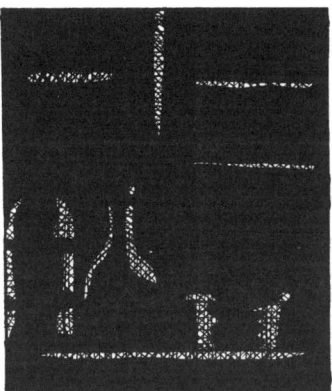
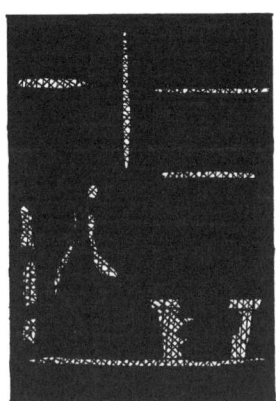
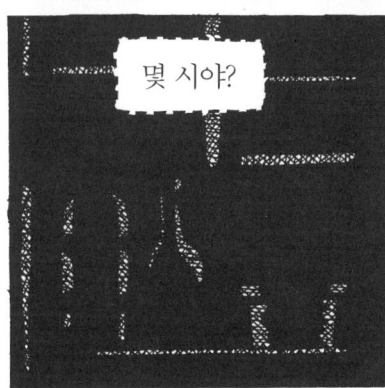

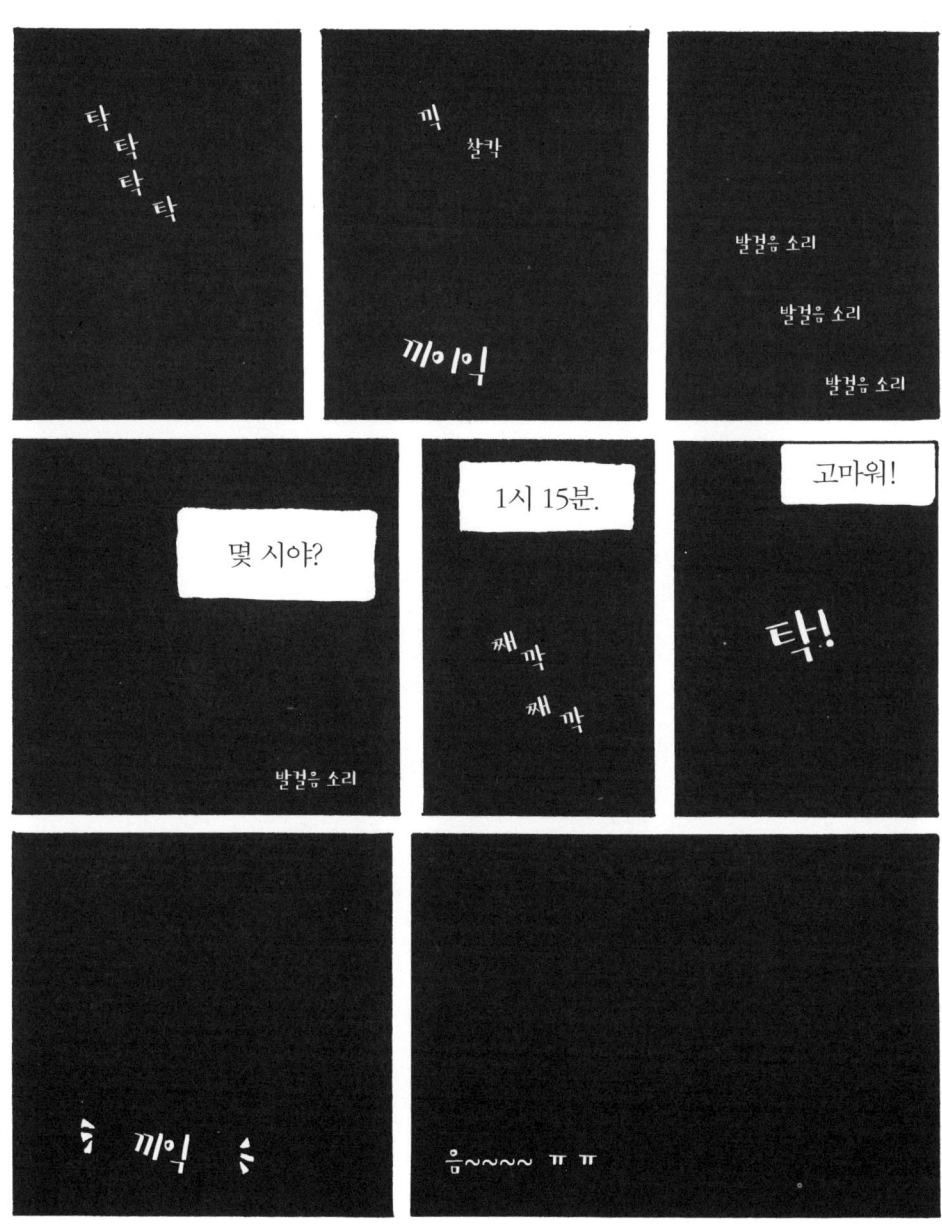

* 만화가들이 동작선, 휘날리는 땀방울, 만화 같은 별 등을 나타낼 때 사용하는 신조어. 만화가 모트 워커Mort Walker의 저서 『만화 어휘The Lexicon of Comicana』에서 처음 사용되었다. 그 책에서 워커는 만화에서 사용되는 특별한 표시나 선에 개인적인 이름을 붙였다. 그 책에서 '에머나타Emanata'는 캐릭터의 머리에서 시작해 음표(휘파람을 표현할 때)나 하트(사랑에 빠진 사람을 표현할 때)로 끝나는 구불구불한 선을 나타내는 용어로 등장했지만 많은 만화가들이 워커의 '만화 세계'를 가리키는 일반적인 용어로 사용해왔다.

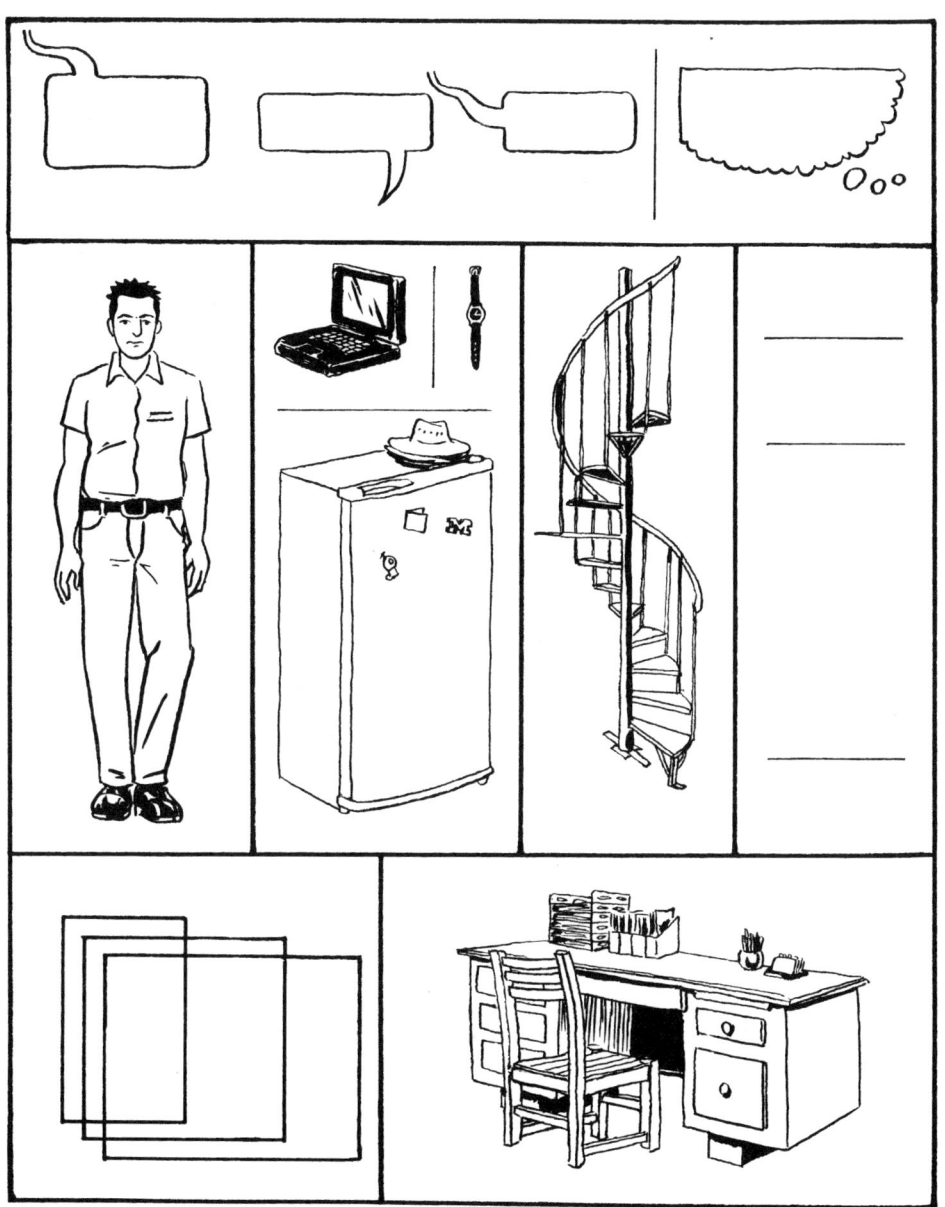

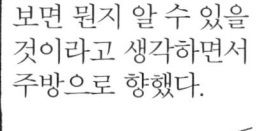
그는 컴퓨터를 하다가 확실하지 않은 이유로 일어났다.

보면 뭔지 알 수 있을 것이라고 생각하면서 주방으로 향했다.

고무 패킹이 떨어지는 것을 느끼며 냉장고 문을 열었다.

냉장고가 완전히 열렸다.

그는 머릿속으로 냉장고 안의 모습을 상상한다.

익숙한 각얼음 데칼코마니가 보인다.

그는 냉장고 안의 똑같은 자리에 있는 버터와 계란을 보게 될 것이다.

하지만 냉장고 안을 훑어봐도……

뭘 찾으러 왔는지는 기억하지 못할 것이다.

믿을 수 없는 화자

사립탐정 맥히너리 클린트 스미스 작

빅시와 지내기 브루브 작

고양이 폽시 먹스 작

* 푸메토fumetto 또는 포토노벨라fotonovela라고도 한다. 미국에서는 존재감이 없지만 유럽과 라틴 아메리카에서는 저속하고 어두운 드라마와 가면 쓴 레슬러의 모험의 원조로 오랜 역사를 자랑한다.

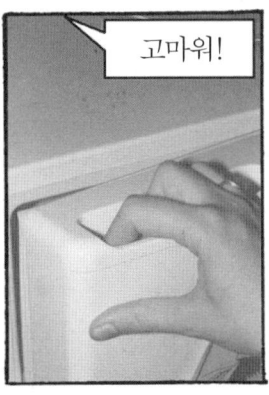

* 일본 만화이므로 오른쪽에서 왼쪽으로 읽어야 한다! 일본어 번역과 음향효과는 내 친구 사토 토모후사Sato Tomofusa가 맡아주었다. 소리는 다음과 같이 읽으면 된다.
  첫째 칸: 카차 카차. 둘째 칸: 파탄. 셋째 칸: 잽. 여섯째 칸: 카타. 여덟째 칸: 분.

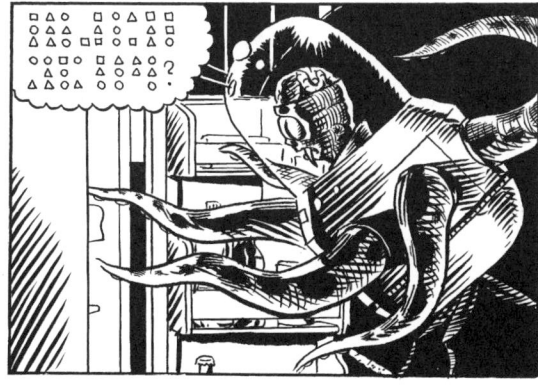

* 의인화는 미키에서 마우스까지 만화에서 길고 풍성한 역사를 가지고 있다. 이 만화는 인간 형태를 한 동물을 뜻하는 '퍼리furries'라는 하위 장르·하위문화를 재미있게 활용했다(퍼리에 대해 궁금하다면 인터넷 검색을 해보기 바란다).

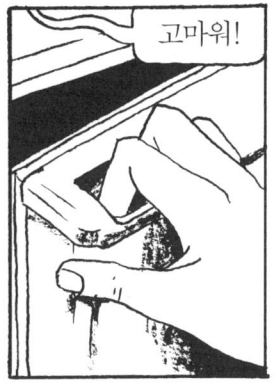

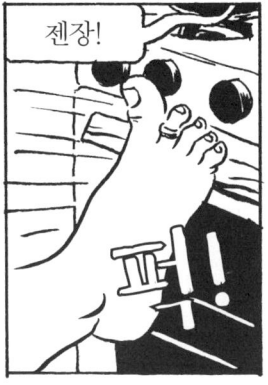

네모 상자 밖에
그리기

* 애너그램은 단어나 구의 철자 순서를 바꿔서 새로운 단어나 구를 만드는 것을 말한다. 애너그램 1은 만화 칸과 말풍선 안의 단어를 바꾸었다.

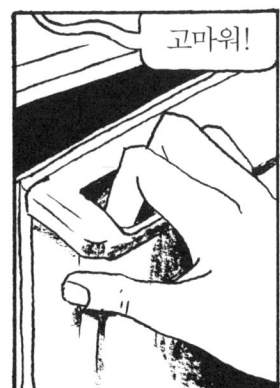

*   애너그램 2에서는 글자, 만화 칸의 경계선, 물체 등 모든 요소가 재배치되었다.

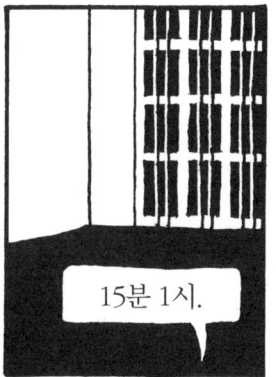

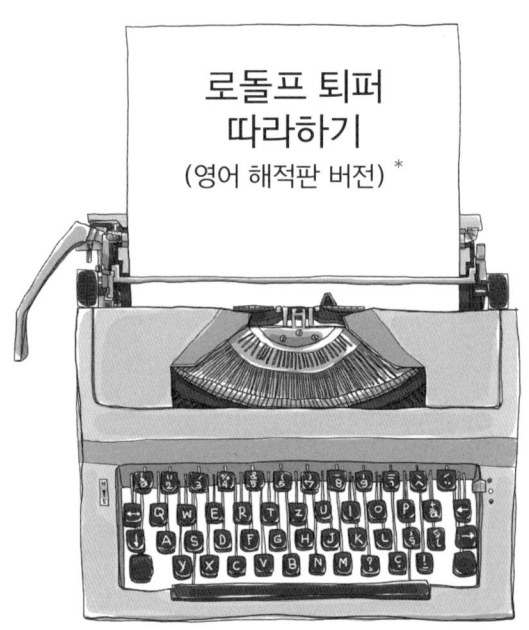

* 로돌프 퇴퍼는 스위스의 교육자이자 만화가로 많은 사람들에 의해 근대 만화의 아버지라고 평가받는 인물이다. 특히 1830년대에 출판한 『뮤슈 자보의 이야기Histoire de M. Jabot』(1833), 『비슈 보아의 사장Les Amours de M. Vieuxbois』(1839) 같은 풍자 팸플릿 시리즈가 유명하다. 이중에서 후자는 (그의 작품 다수가 그러하듯) 해적판 영어 버전 『올드벅 오바댜Obadiah Oldbuck』로 출판되었다.

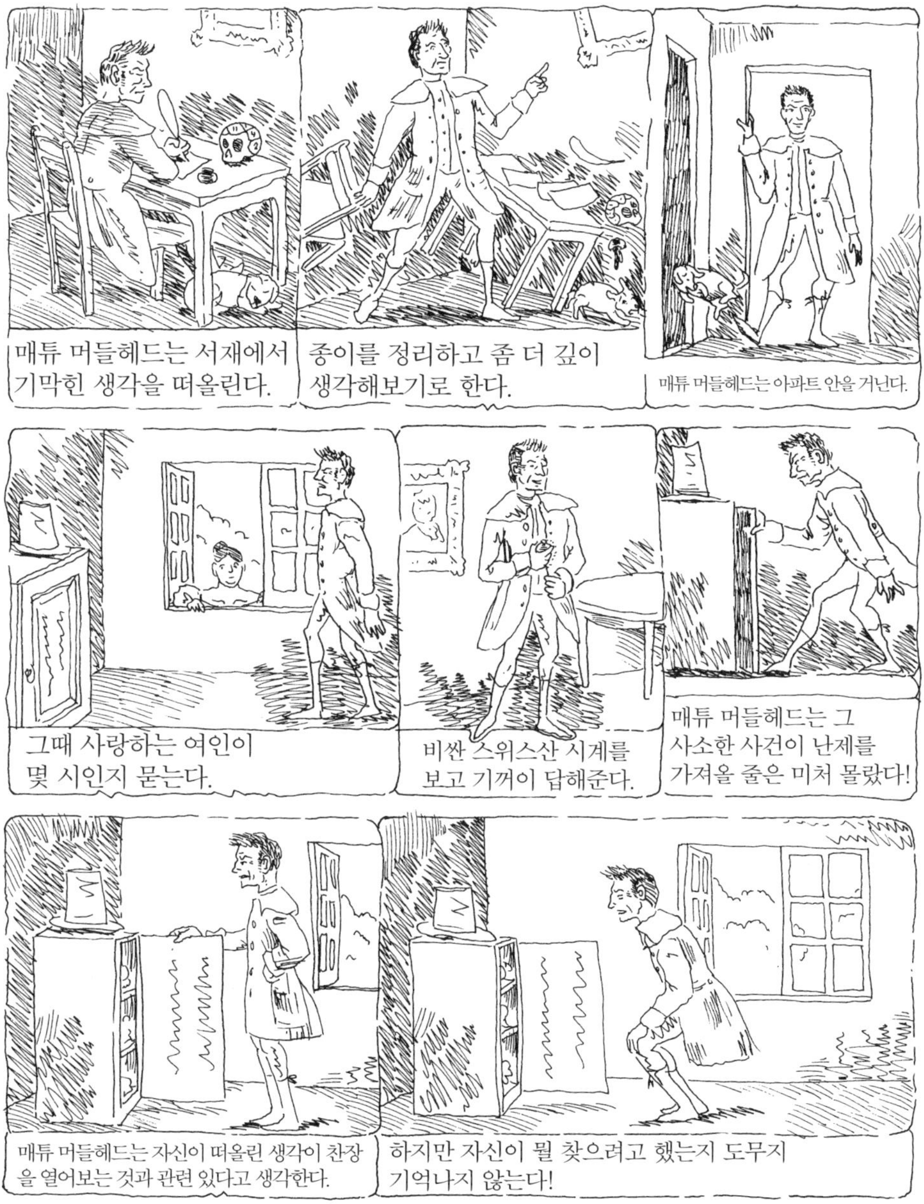

* 『슬럼버랜드의 작은 니모Little Nemo in Slumberland』『공룡 거티Gertie the Dinosaur』, 그리고 이 만화에 영감을 준 『레어빗 핀드의 꿈Dreams of a Rarebit Fiend』 같은 작품을 내놓은 만화가이자 애니메이터이다.

* 스콧 맥클라우드Scott McCloud의 획기적인 책 『만화 이해하기Understanding Comics』에 바치는 만화이다. 맥클라우드의 책은 칸 사이를 연결해 서사적 의미를 만드는 '완결성'이라는 개념 등 만화에 대한 토론이 활발하게 이루어지는 데 기여했다.

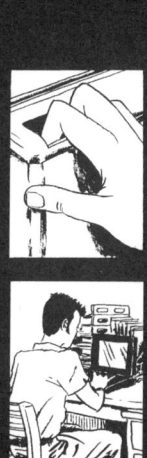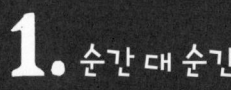

1. 순간 대 순간

2. 행동 대 행동

3. 주제 대 주제

4. 장면 대 장면

5. 측면 대 측면

6. 잘못된 결론

* 바이외 태피스트리는 1066년에 있었던 헤이스팅스 전투를 기념하기 위해 11세기에 만들어졌다. '칸' 형식, 선형적인 서사적 연결성, 글자와 그림의 조합 같은 특징 때문에 종종 만화의 원조라고 평가받는다.

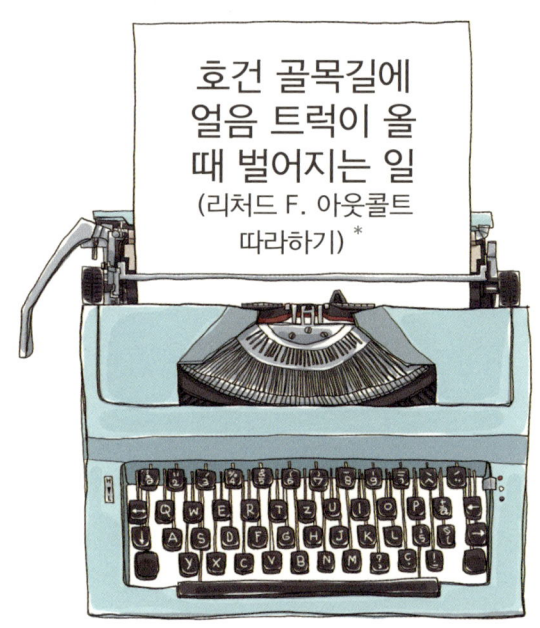

* 「호건 골목길」은 리처드 F. 아웃콜트Richard F. Outcault가 그린 신문 만화였다. 만화계의 아이콘이 된 옐로 키드Yellow Kid가 그 작품에서 처음 소개되었다. 랜돌프 허스트와 조셉 퓰리처 사이에서 벌어진 그 유명한 신문 권력 투쟁의 중심에 서 있었던 작품이기도 하다.

* 조지 해리먼George Herriman은 비록 당시에는 인기가 별로 없었지만 지금은 역대 최고의 만화로 널리 인정받는 『크레이지 캣Krazy Kat』을 비롯해 많은 작품을 내놓았다.

* 이것은 납골당 이야기인 『크리프트 스토리Tales from the Crypt』와 넓게는 공포와 공상과학 등 1950년대에 EC 코믹스에 출판된 장르 만화에 바치는 만화다.

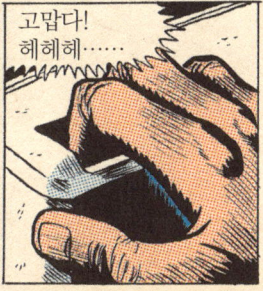

동적인 제약 - 매트를 남자답게 만들기*

---

* 찰스 아틀라스의 보디빌딩 코스 광고는 역사상 가장 유명한 지면 광고 중 하나이고 20세기 후반 내내 만화와 잡지에서 볼 수 있었던 보편적인 특징이었다.

매트를 남자답게 만들기

새로운 사람으로 만들어드립니다!

프로들이 모든 걸 차지하는 현실에 '신물'이 납니까? 살아 있는 느낌이 들지 않는 약하고 거미 같고 지저분한 그림에서 탈피하고 싶습니까? 나는 당신의 심정을 이해합니다. 나 역시 한때 44킬로그램의 작고 연약한 '덕후'였으니까요. 내 보잘것없는 만화가 잡지에 실릴까봐 두려웠죠.

내가 지금의 스타일을 얻은 비결

그러다 만화 기술을 신속하게 발전시킬 수 있는 방법을 터득했습니다. 덕분에 작고 연약한 17세의 '덕후'에서 '세계 최고의 만화가'로 변신할 수 있었죠. 내가 당신의 만화도 키워줄 수 있습니다. 아령이나 용수철이나 도르래 같은 도구도 필요 없고 자연스러운 방법을 통해 가능합니다. 매일 방에서 15분만 연습하면 됩니다.

내 '동적 제한' 기법은 벌써 수많은 사람이 단기간에 진정한 만화가가 될 수 있도록 도와주었습니다. 이제는 당신이 도움 받을 차례입니다. 지금 당장!

'동적 제한'으로 만화를 신속하게 키우라!

당신은 언제든 자랑스러워할 수 있는 강력한 근육질의 만화 스타일을 원할 것입니다. 만화 컨벤션에서 여성들이 환호하고 남자들의 질투를 한몸에 받을 수 있는 '유로' 스타일이죠.

지금 쿠폰을 보내 32쪽 분량의 일러스트 책을 구입하세요.

지금 쿠폰을 보내면 당신의 삶이 바뀔 수 있습니다. 쿠폰을 보내면 154쪽 분량의 내 책 『스타일 연습』을 보내드립니다. 내 기법이 왜 효과적인지 설명해주고 도움받은 사람들의 그림도 수록되어 있습니다. 지체하지 마세요. 지금 당장 우편으로 쿠폰을 보내세요. 레이 크노 Dept. 325 115 E. 23rd St., Kannenberg, N. Y. 10010.

레이 크노, Dept. 325 115 E. 23rd St.,
Kannenberg, N. Y. 10010.

레이 크노 씨, 내가 원하는 만화는 다음과 같습니다:
(해당 사항에 모두 표시하세요)

탬퍼릿	독백
객관적	이중
편음증	음향효과
사진만화	엑소시스트 스타일

10센트를 동봉하오니, '동적 제약'이 저를 새로운 만화가로 변신시켜줄 수 있는 방법이 담긴 당신의 유명한 책을 보내주세요. 만화, 그림에 관한 중요한 설명과 깊이 있는 조언이 담긴 154쪽 분량의 책을 받고 싶습니다.

이름 _____ 나이 ____
주소 _____ 지역 ____ 우편번호 ____
영국 주소: 레이 크노, 21 Swain St., London, W. 1

어제 동부 총관리자 브래들리 벤튼의 프러포즈를 받아들였어!

그동안 점잖지못한 남자들만 사귀느라 내 이미지만 깎아먹었는데.

오늘은 브래들리의 부모님을 만나는 날!

그때 허스키한 남자의 목소리가 들려왔어.

나도 모르게 얼굴이 붉어지면서 가슴이 뛰었어.

안 돼! 브래들리 벤튼에게 충실하기로 했잖아!

하지만 낯선 남자의 고맙다는 말이 내 가슴에 사랑의 화살이 되어 박혔어!

도대체 나는 뭘 찾으려고 한 걸까?

* '명료한 선'이라는 뜻. 1970년대에 유럽의 만화 평론가들에 의해 소개된 용어로 명료하고 생생한 스타일, 명확한 스토리텔링, 그라데이션 없는 색깔이 강조된 만화를 가리킨다. 창시자인 벨기에 만화가 조르주 레미Georges Remi가 여전히 이 스타일의 최고봉으로 남아 있다.

* 잭 '킹' 커비Jack Kirby는 역대 최고의 만화가로 인정받는 사람 중 한 명이다. 「판타스틱 포」 「캡틴 아메리카」 같은 슈퍼히어로물을 탄생시킨 것으로 유명하다.

  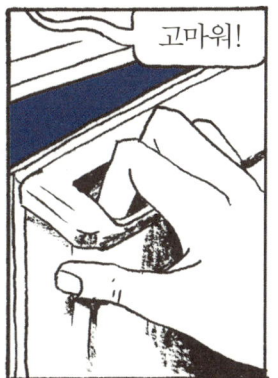

스토리텔링 연습 시

행동 요령

1	흥분하지 않는다		2	모든 전원을 끈다	
3	안전한 곳으로 이동한다		4	엘리베이터를 사용하지 않는다	
5	시간을 확인한다		6	조심스럽게 냉장고 문을 연다	
7	냉장고 안을 살핀다		8	도대체 뭘 찾으려고 했는지 떠올린다	?

* 라틴어로 '조각 이어 붙이기'라는 뜻으로 다른 시에서 가져온 부분들만으로 이루어진 시를 뜻한다.

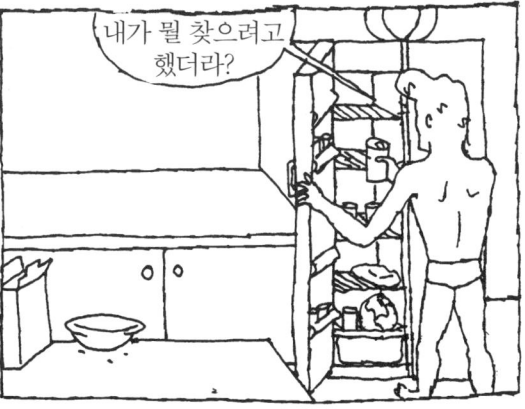

* 이 만화는 내 이야기와 레몽 크노의 『문체 연습』에 나오는 이야기를 합친 것이다.

시공을 따라 움직이는 **생각/행동**에 끼치는 **방해의 효과**를 나타내는 차트

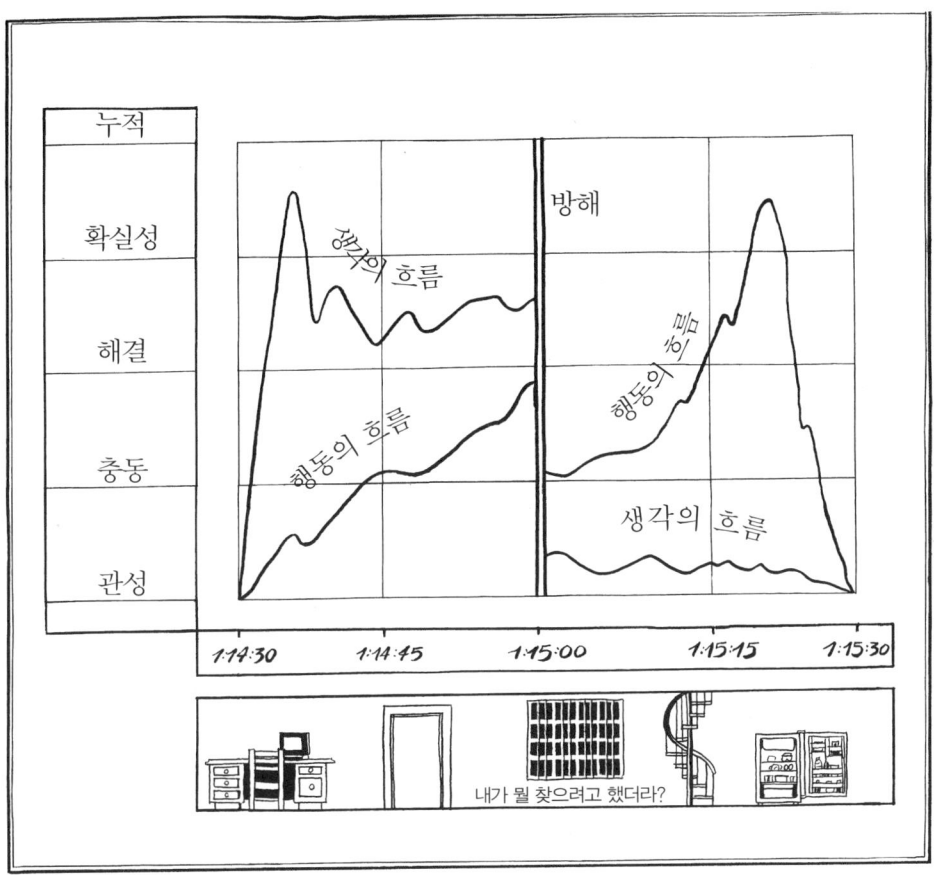

Shot # __1__
노트북을 닫고 일어나는 매트를 보여준다.

Shot # __2__
문가로 나오는 매트를 미디엄 샷으로 잡는다. 주방으로 들어서는 순간 카메라를 왼쪽으로 움직인다.

Shot # __2(계속)__
카메라를 왼쪽으로 움직이면서 2층을 잡는다.
제시카(화면 밖)
지금 몇 시야?

Shot # __3__
시계를 보는 매트를 클로즈업한다.
매트
1시 15분.

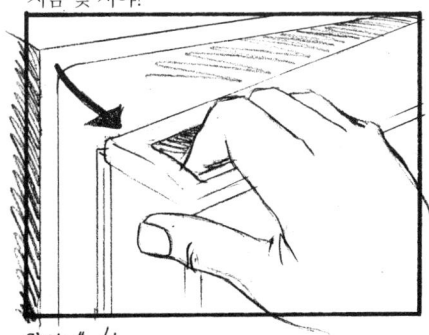
Shot # __4__
냉장고를 여는 매트의 문을 익스트림 클로즈업한다.
제시카(화면 밖)
고마워!

Shot # __5__
뭘 찾으려고 했는지 기억하지 못하는 매트의 모습을 천천히 줌인하면서 잡는다. 화면이 점점 어두워진다.

* 텍스트를 실루엣 같은 이미지가 만들어지도록 배치하는 시를 말한다.

　　　　　　일하
　　　다 말고 순간적으로 어
　　떤 생각이 떠올라 책상에서 일어
　　　　났어. 그런　　　　　　데 네가 몇
시인지 물　　　　　　　　　　어봤지, 난
큰 바늘과　　　　　　　　　　작은 바늘
　　　　　　　　　　　　　을 보고 기
　　　　　　　　　　　　　꺼이 시간
　　　　　　　　　　　　을 알려줬
　　　　　　　　　　어. 그런데
　　　　　　　　냉장고를
　　　　　　　열어 안을
　　　　　　들여다봤
　　　　　　지만 내가
　　　　　　뭘 찾으려

　　　　　고 했는지
　　　　기억나지 않
　　　　　　았어.

* 이 만화는 시인 케네스 코치Kenneth Koch의 '그림 없는 만화'에서 영감을 받았다. 시의 언어와 만화를 참신한 방법으로 합치는 것이다. 『가능성의 예술The Art of the Possible』이라는 책을 참고했다.

한 남자	계획	(대운하?) 아니야! 그건……
"지금 몇 시야?" (어?)	똑딱 1시 15분. 똑딱	"고마워." 아무 것도 아닌 게 아니야.
똑딱 똑딱 똑딱 똑딱 똑딱 똑딱 똑딱		

도대체 내가 뭘 찾으려고 했더라?

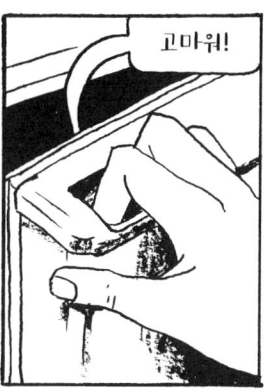

이야기 속의 이야기

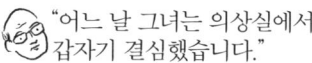

행복한 커플

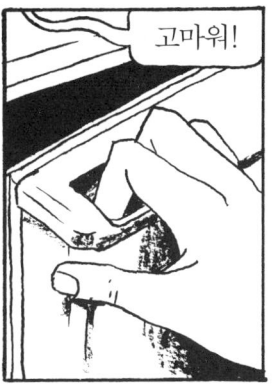

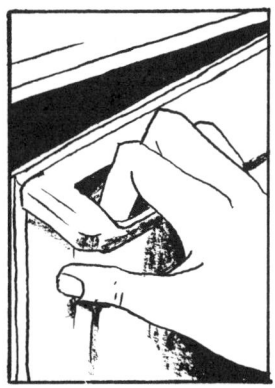

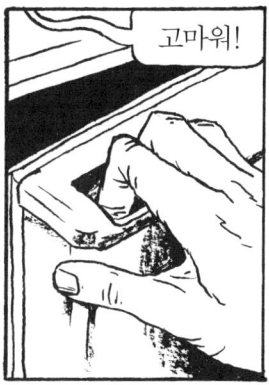

* 이 만화는 15세기를 배경으로 적도의 동쪽에서 북쪽을 따라 이동한다. 쿠바, 카보베르데, 말리, 사우디아라비아, 인도, 중국(홍콩), 하와이, 멕시코가 나온다.

이 만화의 첫 번째 칸에서 주인공은 등을 보인 채 타이핑을 하고 있습니다.

'자신'이 주인공으로 나오는 바로 이 얘길 쓰는 중이겠죠.

두 번째 칸에서 주인공은 자리에서 일어나지만 여전히 얼굴을 보이지 않습니다.

이러한 회피는 독자로 하여금 주인공에 대한 '동일시'에 의문을 던지게 만듭니다.

세 번째 칸에서는 문밖으로 나오면서 어쩔 수 없이 얼굴을 보여주죠.

일종의 삽입칸처럼 처리되었는데 자신의 거리를 강조하고 싶은 듯합니다.

네 번째 칸에서 주인공은 보이지 않는 목소리와 마주하면서 칸 밖으로 물러나려는 것처럼 보이죠. 그 목소리가 독자를 상징할까요?

'타자' 말입니다.

시간에 대한 짧은 대화는 인간의 소통이 가장 따분한 대화를 초월하는

덧없는 것임을 나타내는 듯합니다.

갑자기 냉장고를 여는 손이 나오는데, 이러한 주관적인 장면으로의 전환은

독자에게 타자/작가가 '되도록' 만듭니다.

롱샷으로의 전환으로 작가는 주인공의 타자성을 다시 한 번 강조합니다.

냉장고를 (자기) 지식의 탐구 장소로 활용한 것은 만화의 수사에 내재하는 문제적 비유를 강조하죠.

마지막 칸은 주인공의(어쩌면 작가의) 지식 탐구가 허사였음을 나타내는 듯합니다. 주인공/작가의 방어적인 자세와 혼란스러운 시선은 독자가 만화에서 나가지 못하도록 도전적으로 막고 있는 듯하죠.

평론가는 그런 안이한 방해를 쉽게 피하고 주인공이 도대체 뭘 찾고 있었는지 의아해하는 자신을 발견합니다.

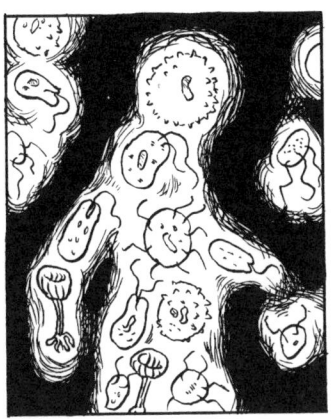
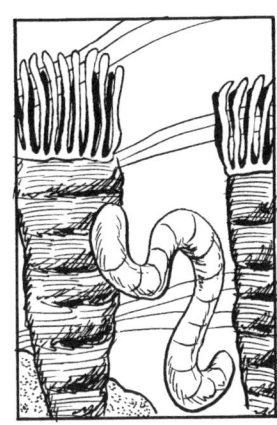

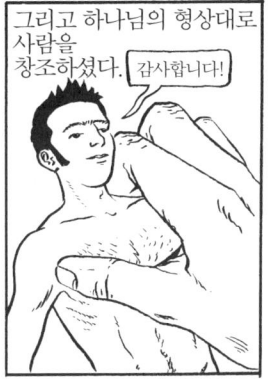

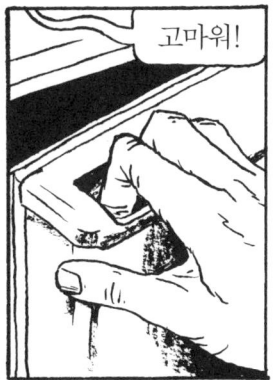

배우의 작업실 1

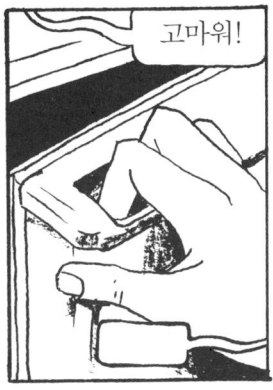

배우의 작업실 2

가로 만화

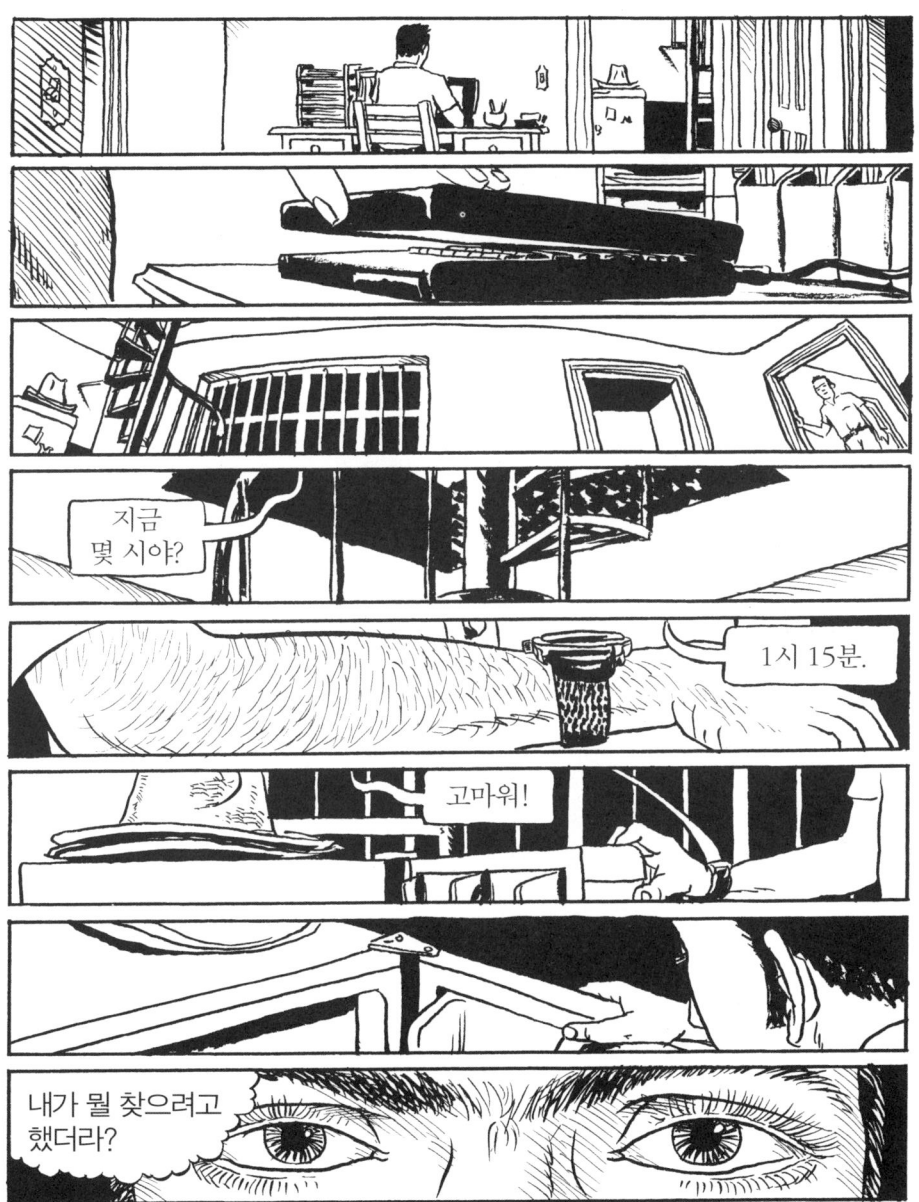

세로 만화

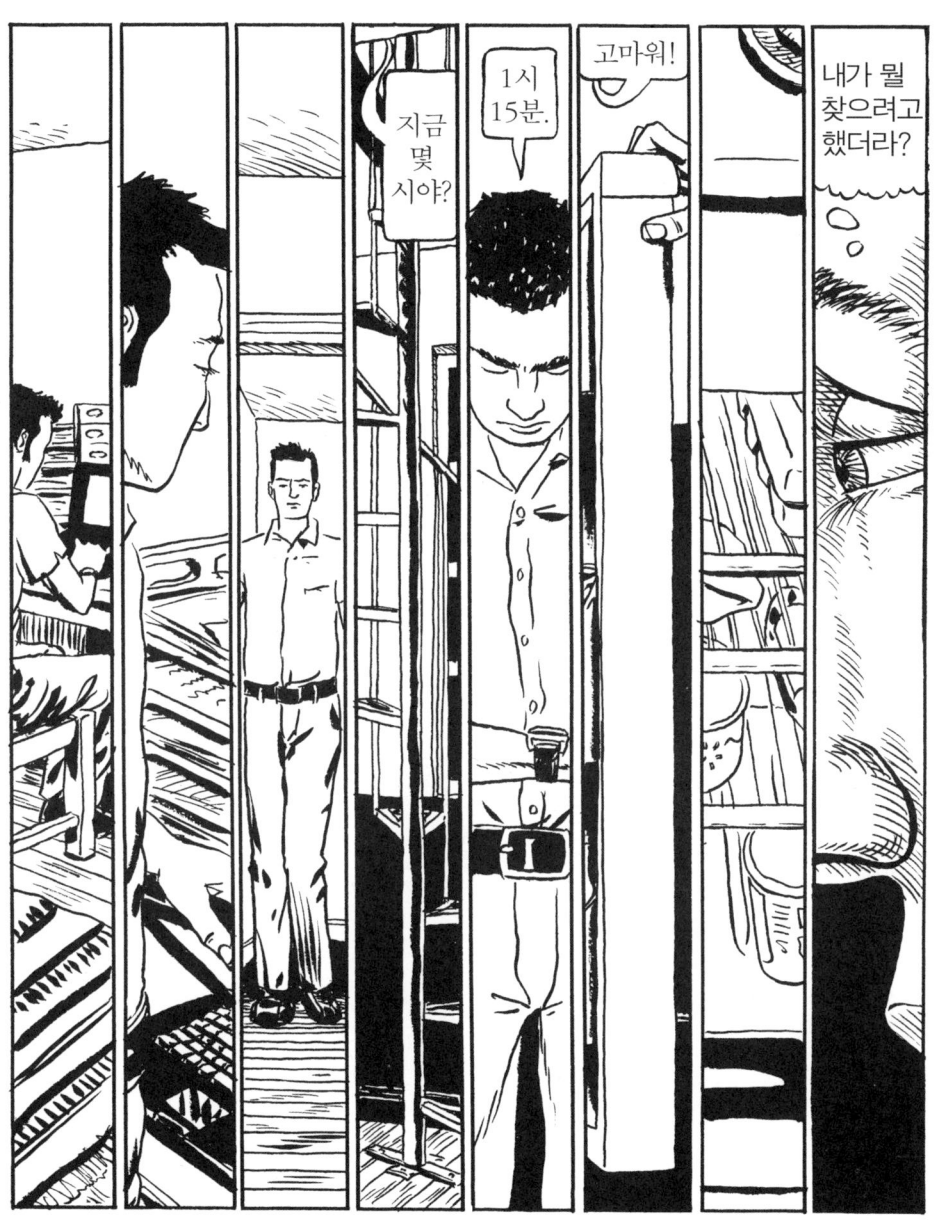

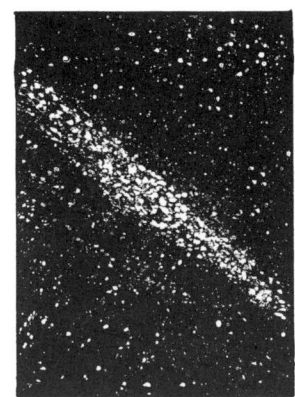

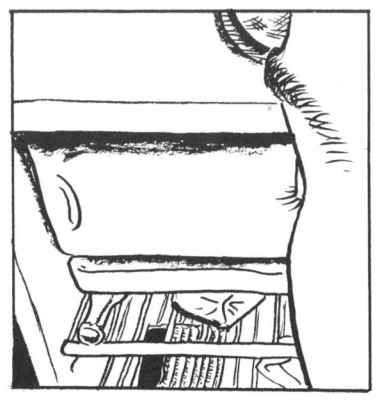

* 이 만화는 듀안 마이클Duane Michals의 사진에서 영감을 받았다(제목도 빌렸다). 그는 여러 개의 사진으로 이루어진 만화 같은 내러티브 시퀀스가 있는 작품을 많이 선보였다.

* 말로는 설명하기가 힘든 물체의 관점을 올바른 각도를 사용해서 보여주는 방법이다.

멕시코시티. 매트 매든스는 어느 날 밤늦게까지 컴퓨터로 작업을 하고 있었다.

확실하지도 않은데 행동을 먼저 하게 만드는 종류의 충동이 일었다.

그는 컴퓨터를 잠자기 모드로 해놓고 의자에서 일어났다.

좁은 부엌 대신 냉장고를 놓아둔 다이닝룸으로 향했다.

그때 여자 친구 제시카가 2층에서 몇 시인지 물었다.

시계가 없어서 그러는데 몇 시인지 알아?

응. 어디 보자.

매트는 큰 바늘과 작은 바늘을 보고 1시 15분이라고 말했다.

새벽 1시 15분이야.

이층에서 다음 만화를 그리고 있던 제시카가 고맙다고 말했다.

고마워!

천만에!

매트는 냉장고를 열었다.

그 순간 이상한 일이 일어났다. 아니, 이미 일어난 일이 저절로 드러났다. 매트는 냉장고 안을 바라보며 자신이 그 앞에 서 있는 이유를 떠올리려고 애썼다.

방금 전까지만 해도 분명히 알았는데!

그는 두 손으로 무릎을 받치고 앞으로 몸을 기울였다. 이마를 찌푸리며 자신이 뭘 찾고 있었는지 떠올렸지만 생각나지 않았다. 아무리 생각해봐도 소용없었다.

내가 뭘 찾으려고 했더라?

말도 되지 않는 일이었다. 방금 전까지만 해도 확실히 알고 있었던 것을 어떻게 잊어버릴 수 있을까? 하지만 아무리 머리를 굴려 봐도 마찬가지였다. (그가 찾으려던 물건이 냉장고에 들어있기는 한 걸까?)

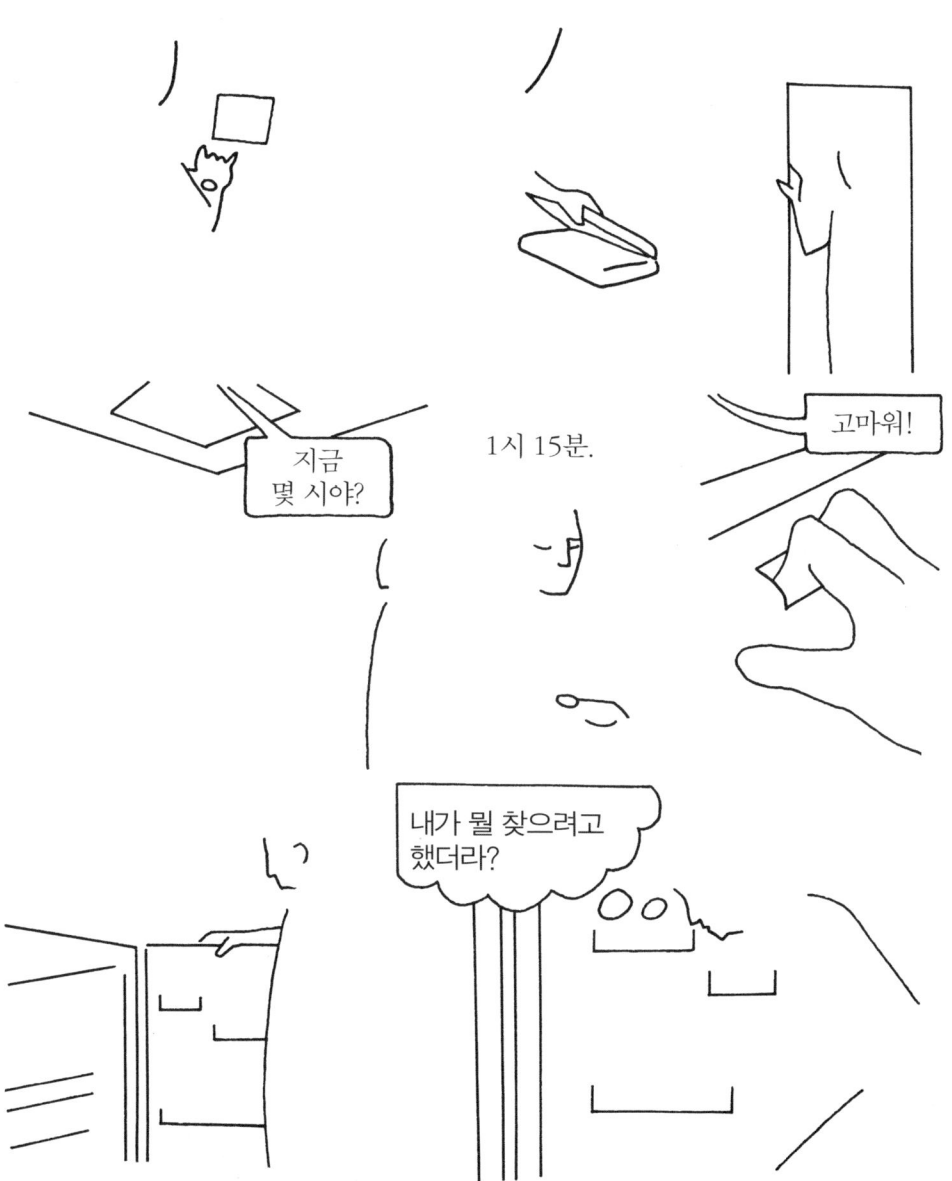

공간의 고정점

시간의 고정점

* 첫째 칸: 의자 등받이의 가로대가 없음, 페이퍼 트레이가 더 많음, 둘째 칸: 구레나룻과 손목시계 없음, 셋째 칸: 벨트 없음, 손목시계 위치 바뀜, 넷째 칸: 계단이 뒤집어짐, 냉장고 자석 위치 다름, 다섯째 칸: 셔츠 주머니 없음, 징두리 널이 색칠되어 있지 않음, 여섯째 칸: 네 번째 손가락 없음, 말풍선 꼬리 방향이 바뀜, 일곱째 칸: 너무 큰 솜브레로 모자, 계단 지지대가 없음, 여덟째 칸: 와인병 없음, 계단 난간 없음

달라진 텍스트[*]

* 제리 모리어리티Jerry Moriarity의 훌륭한 책 『잭 생존하다Jack Survives』에 나오는 한 페이지 만화의 텍스트를 바꿔서 사용했다.

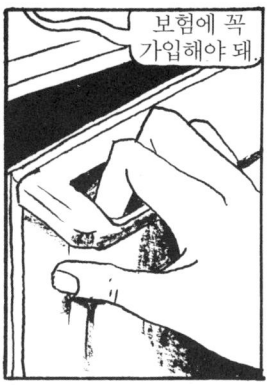

달라진 그림

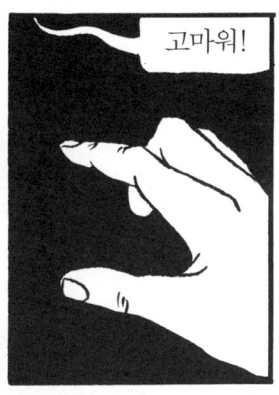

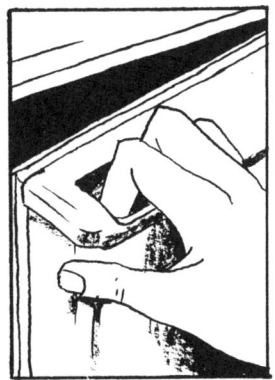

스토리텔링 연습

초판 1쇄 발행 2018년 7월 30일
초판 2쇄 발행 2019년 8월 21일

지은이 매트 매든 **옮긴이** 장치혁
펴낸이 안현주

경영총괄 장치혁
디자인 표지 최승협 본문 장덕종
마케팅영업팀장 안현영

펴낸곳 클라우드나인 **출판등록** 2013년 12월 12일(제2013-101호)
주소 (우) 03993 서울시 마포구 월드컵북로 4길 82(동교동) 신흥빌딩 6층
전화 02-332-8939 **팩스** 02-6008-8938
이메일 c9book@naver.com

값 13,800원
ISBN 979-11-86269-34-3 03320

* 잘못 만들어진 책은 구입하신 곳에서 교환해드립니다.
* 이 책의 전부 또는 일부 내용을 재사용하려면 사전에 저작권자와 클라우드나인의 동의를 받아야 합니다.
* 클라우드나인에서는 독자여러분의 원고를 기다리고 있습니다.
  출간을 원하는 분은 원고를 bookmuseum@naver.com으로 보내주세요.
* 클라우드나인은 구름 중 가장 높은 구름인 9번 구름을 뜻합니다. 새들이 깃털로 하늘을 나는 것처럼 인간은 깃펜으로 쓴 글자에 의해 천상에 오를 것입니다.